Hallo, ich bin Anoki.
Für jede Seite, die du bearbeitet hast,
malst du einen Luftballon aus.

AF178733

Silben schwingen

Sprich langsam und deutlich. Höre genau.
Schwinge die Silben.
Markiere in jeder Silbe den König
(Selbstlaut, Umlaut, Zwielaut).

Abenteuer

Kurzer Selbstlaut

Hörst du nach einem kurz gesprochenen
Selbstlaut oder Umlaut nur einen Mitlaut,
dann wird dieser verdoppelt.

Ball   Löffel

Hörst du nach einem kurz gesprochenen
Selbstlaut oder Umlaut ein k, schreibst du
meist ck.

dick   Brücke

Hörst du nach einem kurz gesprochenen
Selbstlaut oder Umlaut ein z, schreibst du
meist tz.

spitz   Katze

Groß oder klein?

Nomen (Namenwörter) werden großgeschrieben.
Wenn du nicht weißt, ob ein Wort ein Nomen (Namenwort) ist,
kannst du die Nomenprobe durchführen:

- Ist das Wort ein Name für Menschen, Tiere, Pflanzen oder Dinge?
  Bezeichnet das Wort Gedanken oder Gefühle?

  Anoki Hund Blume Ball Idee Spaß

- Hat das Wort einen Begleiter?

  der die das ein eine

- Kannst du die Mehrzahl bilden?

  das Buch – die Bücher

Satzanfänge werden großgeschrieben.

Ich hole mein Heft. Pass auf! Kommst du auch?

Verlängern

Verlängere, wenn du p, k oder t hörst.

der Dieb/p → die Diebe   → also: der Dieb
sie frag/kt → fragen   → also: sie fragt
rund/t   → der runde Ball → also: rund

Wortbausteine

Wörter mit gleichem oder ähnlichem Wortstamm gehören zu einer Wortfamilie.

singen – der Gesang – der Sänger

Achte bei Verben (Tunwörtern) auf die Endung.

ich male, du malst, er malt,
wir malen, ihr malt, sie malen

Achte auf Vorsilben und Nachsilben.

entdecken, einkaufen, geduldig, glücklich

⚡ Ableiten

ä oder e? äu oder eu?
Prüfe, ob es ein verwandtes Wort mit a oder au gibt.

die Hä/ende → die Hand → also: die Hände
er träu/eumt → der Traum → also: er träumt

Findest du kein verwandtes Wort mit a oder au, schreibst du e oder eu.

Becher, lenken, Eule, heulen

📖 Nachschlagen

Du musst das Abc (Alphabet) kennen, um Wörter im Wörterbuch nachzuschlagen oder nach dem Abc zu ordnen.

Finde den Anfangsbuchstaben.
Achte auch auf den zweiten und dritten Buchstaben.

Fisch, Fledermaus, Hamster, Hase

Ⓜ Merkwörter

Einige Wörter musst du dir merken, weil du ihre Schreibweise nicht überprüfen kannst.

der Vater, das Klavier,
der Saal, das Meer, das Boot,
das Mädchen, der Hai, der Tiger,
der Fuß, die Fahne, der Comic

Diese Tipps helfen dir.

■ Schreibe die Wörter mit **Sp** und **St**.
Zeichne Silbenbögen und markiere die Könige.

Sprich langsam und deutlich.
Höre genau.
Jede Silbe hat einen König.

Stempel

■ Schreibe die Wörter mit **ie**.
  Zeichne Silbenbögen und markiere die Könige.

Liebe

■ Schreibe die Wörter mit doppeltem Mitlaut.
Markiere den kurz gesprochenen Selbstlaut
oder Umlaut.

> *Hörst du nach einem kurz gesprochenen Selbstlaut oder Umlaut nur einen Mitlaut, dann verdoppelst du ihn.*

 Mutter

- Schreibe die Wörter in Silben getrennt auf.
  Markiere den kurz gesprochenen Selbstlaut oder Umlaut.

  Zim – mer

Wörter mit doppeltem Mitlaut

■ Schreibe die Wörter mit **ck** in Silben getrennt auf.
Markiere den kurz gesprochenen Selbstlaut oder Umlaut.

*Trenne nie **ck**.*

  Schne̦ – cke   packen   pa̦ – cken

   wecken

                  drücken

■ Schreibe die Wörter mit **tz** in Silben getrennt auf.
   Markiere den kurz gesprochenen Selbstlaut oder Umlaut.

Du darfst zwischen t und z trennen.

 Pfüt – ze   schwitzen schwi̱t – zen

   putzen

     schätzen

■ Schreibe die Wörter mit **ss**.
Markiere den kurz gesprochenen Selbstlaut oder Umlaut.

*Nach einem kurz gesprochenen Selbstlaut oder Umlaut steht meist **ss**.*

 Tasse

 Test 1, S. 76

■ Male die Käfer richtig an.

Wörter für Menschen, Tiere, Pflanzen und Dinge sind Nomen (Namenwörter).
Du schreibst sie groß: **A**noki, **H**und, **B**lume, **B**all.

Prüfe, ob du einen Artikel vor das Wort setzen kannst: **die** *Kasse.*

■ Markiere alle Nomen (Namenwörter) und schreibe sie auf.

KASSE	BLAU	WASSER	SPRINGEN	KLEIN	KISTE
STUHL	TAUCHEN	PALME	OHNE	APFEL	NASS
SCHWIMMEN	BADEMEISTER	EINE	UND	MUSCHEL	FLOSSE

Kasse

■ Markiere alle Nomen (Namenwörter) und schreibe sie auf.

| Heute gehen wir ins <mark>hallenbad</mark>.

| Im meer habe ich schwimmen gelernt.

|| Dort habe ich muscheln und steine gesehen.

| Manchmal gab es algen.

|| Aber wind und wellen haben sie schnell wieder weggespült.

| Wir fahren mit dem bus dorthin.

| Hoffentlich kann ich am fenster sitzen.

Die Striche | zeigen, wie viele Fehler du verbessern musst.

Hallenbad

Wörter für Gedanken und Gefühle sind Nomen (Namenwörter).
Du schreibst sie groß: die **I**dee, der **S**paß.

■ Markiere alle Nomen (Namenwörter) und schreibe sie mit Artikel (Begleiter) auf.

ANGST	GELB	KEIN	ÄRGER	VOR	GLÜCK
GEGEN	WUT	WEIT	STÄRKE	BIS	LIEBE
MUT	HÄSSLICH	NUR	TRAUER	FURCHT	ALBERN

die Angst

- Markiere alle Nomen (Namenwörter) und schreibe sie mit Artikel (Begleiter) auf.

|| Bald fährt unsere **klasse** ins schullandheim.

|| Zuerst war die freude groß. Dann kamen auch zweifel auf.

| Einige schliefen bisher noch nie woanders ohne ihre eltern.

| Andere überlegen, ob ihnen wohl die gerichte schmecken.

|| Die lehrerin sagt, dass wir keine angst haben müssen.

| Bisher hatten alle viel spaß.

Nomen schreibst du groß: die Klasse.

die Klasse

Nomen (Namenwörter) haben einen bestimmten (der, die, das) oder unbestimmten (ein, eine) Artikel (Begleiter).

■ Schreibe die Nomen (Namenwörter) mit Artikel (Begleiter) auf.

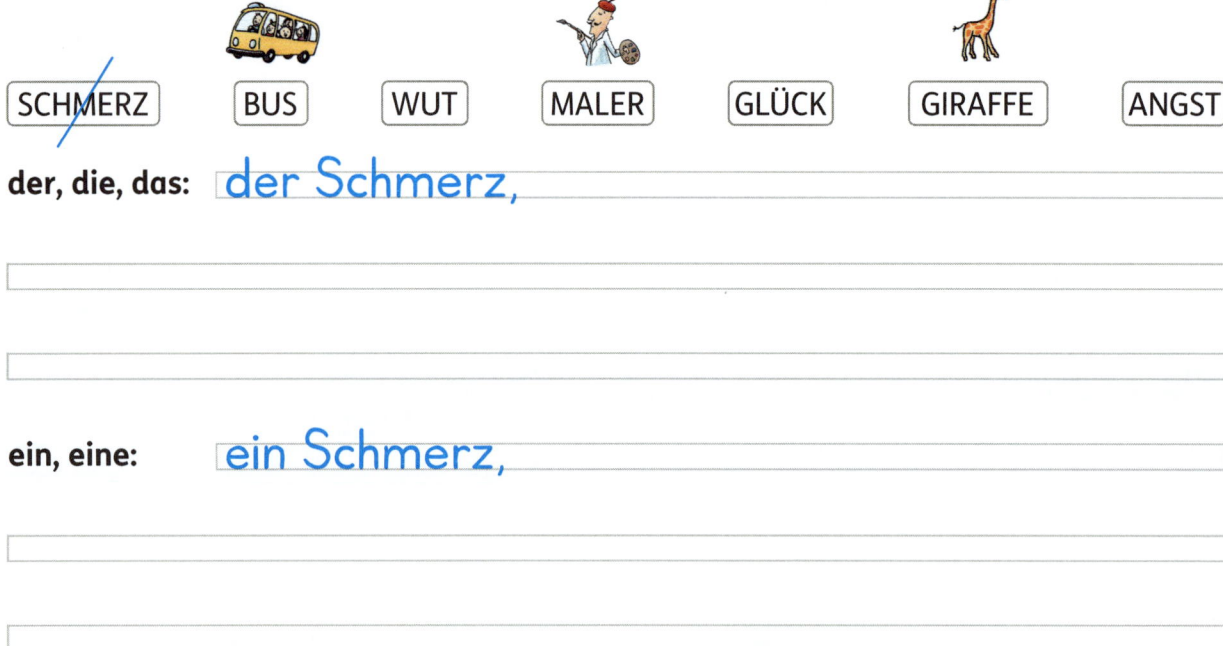

SCHMERZ   BUS   WUT   MALER   GLÜCK   GIRAFFE   ANGST

der, die, das: der Schmerz,

ein, eine: ein Schmerz,

■ Setze die Nomen (Namenwörter) mit dem passenden Artikel (Begleiter) ein.

ein   ein   eine   der   das   das

FAHRRAD   FAHRRADTASCHE   LADEN   RENNRAD   RAD   HELM

Paul wünscht sich zum Geburtstag ein Fahrrad .

Ihm gefällt _____ mit dem coolen Lenker.

Was _____ wohl kostet?

Leider hat _____ schon zu.

Für sein Gepäck kann er sich _____ wünschen.

Wichtig ist auch noch _____ .

Die meisten Nomen (Namenwörter) können in der Einzahl und in der Mehrzahl stehen: der Topf – die Töpfe, die Puppe – die Puppen, das Buch – die Bücher.

Einzahl und Mehrzahl

*Der Artikel in der Mehrzahl ist immer **die**.*

■ Bilde die Mehrzahl.

die Hütte → die Hütten   das Brett →

die Wiese →   der Hund →

der Pfirsich →   die Schüssel →

die Mauer →   die Katze →

Bilde die Einzahl. Achte auf den Artikel (Begleiter).

die Pilze   →   der Pilz   viele Stifte   →   der Stift

die Pferde   →   _____   viele Schulen   →   _____

die Zwiebeln →   _____   viele Orangen   →   _____

die Sportler   →   _____   viele Brote   →   _____

die Decken   →   _____   viele Zitronen   →   _____

die Bücher   →   _____   viele Ängste   →   _____

Einzahl und Mehrzahl

Nomen (Namenwörter) kannst du zusammensetzen.
Manchmal musst du ein **s** oder ein **n** einfügen:
die Geburt + der Tag → der Geburt**s**tag, die Klasse + die Tür → die Klasse**n**tür.

■ Bilde zusammengesetzte Nomen (Namenwörter). Markiere **n** oder **s**.

die Blume	der Topf	→	der Blume**n**topf
die Sonne	die Creme	→	
die Seite	die Zahl	→	
der Bahnhof	die Uhr	→	
der Liebling	das Buch	→	

> Der Artikel richtet sich nach dem zweiten Nomen.

Zusammengesetzte Nomen

■ Welche beiden Nomen (Namenwörter) sind jeweils zusammengesetzt?
Schreibe sie mit Artikel (Begleiter) auf.

der Jackenknopf → die Jacke | der Knopf

die Flaschenpost → | |

der Liebesbrief → | |

die Sonnenbrille → | |

das Glücksschwein → | |

das Verkehrszeichen → | |

Zusammengesetzte Nomen

21

Mit den Nachsilben -heit, -keit, -ung, -nis kannst du Nomen (Namenwörter) bilden:
dumm – die **D**umm**heit**, **e**insam – die **E**insam**keit**,
wohnen – die **W**ohn**ung**, **g**eheim – das **G**eheim**nis**.

■ Bilde Nomen (Namenwörter). Schreibe sie mit Artikel (Begleiter) auf.

rechnen	die Rechnung	wahr	
sicher		heizen	
krank		ehrlich	
schwierig		erleben	

■ Bilde Nomen (Namenwörter) mit **-heit**, **-keit**, **-ung**, **-nis**.
Schreibe sie mit Artikel (Begleiter) auf.

| verlegen | finster | sauber | ordnen |
| geheim | ewig | frei | zeichnen |

-heit: die Verlegenheit,   ⚷ 2

-keit: ⚷ 2

-ung: ⚷ 2

-nis: ⚷ 2

23

■ Schreibe die Satzanfänge groß.
  Ergänze die richtigen Satzzeichen: **. ? !**

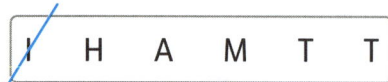

I   H   A   M   T   T

____mmer will Lukas fernsehen____**.**____

____ber Tim möchte auch mal spielen____

____ag Lukas den Fernseher lieber als seinen Freund____

____eute spielt er mit Lena und Marco Fußball____

____im schießt den Ball____

____or____

⚷ 4 .
⚷ 1 ?
⚷ 1 !

■ Schreibe die Satzanfänge groß.
  Ergänze die richtigen Satzzeichen: **. ? !**

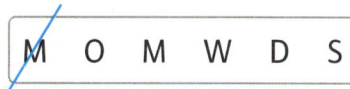

__M__ia steht vor ihrem Kleiderschrank und überlegt___ **.** ___

_____as soll sie zu Omas Geburtstag anziehen_____

_____as blaue Kleid hat einen Fleck_____

_____ist_____

_____ie lässt die Jeans an_____

_____ma mag sie auch so_____

Satzanfänge, Satzzeichen

- Schreibe die Sätze richtig auf.
  Markiere die Satzanfänge und ergänze die Satzzeichen: **. ?**

|| was soll Lena Jonas zum Geburtstag schenken

|| er mag Bücher über Tiere und Krimis

|| aber er könnte auch ein neues Lineal gebrauchen

|| worüber wird er sich wohl mehr freuen

Satzanfänge schreibst du immer groß.

Was

⊶ 2 .

⊶ 2 ?

■ Schreibe die Sätze richtig auf.
Markiere die Satzanfänge und ergänze die Satzzeichen: **. !**

|| fatma will ihr neues Fahrrad ausprobieren

|| sie fährt schnell den Hügel hinunter

|| da kommt eine Kurve

|| vorsicht

Fatma

⚷ 3 .

⚷ 1 !

Nomen, Satzanfänge, Satzzeichen

■ Verbessere die Satzanfänge und die Nomen (Namenwörter).
Ergänze die Satzzeichen: **. ? !**

P

paul möchte nicht für das abendessen einkaufen

er will lieber noch auf seiner gitarre spielen

kann sein papa nicht einkaufen

dann hat paul eine idee

für rührei ist alles da und er kann noch spielen

🔑 4 .

🔑 1 ?

🔑 1 !

super

28

Test 2, S. 77

■ Wie oft findest du diese Blumenbilder unten im großen Bild? Schreibe die Anzahl auf.

■ Verlängere die Nomen (Namenwörter) und schreibe. Zeichne Silbenbögen.

Nes d/t   →   Nes_t_er   →   also: Nest

Die b/p   →   Die____e   →   also:

Wal d/t   →   Wäl____er   →   also:

In der Mehrzahl kannst du den Laut hören.

Zu g/k   →   Zü____e   →   also:

Hef d/t   →   Hef____e   →   also:

Nomen (Namenwörter) verlängern

■ Verlängere die Nomen (Namenwörter) und schreibe. Zeichne Silbenbögen.

Sta b/p   →   Stä_b_e → also: Stab

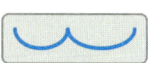

Kru g/k   →   Krü___e → also:

Kin d/t   →   Kin___er → also:

Kal b/p   →   Käl___er → also:

Bar d/t   →   Bär___e → also:

Verben (Tunwörter) sagen, was Menschen, Tiere, Pflanzen oder Dinge tun.
Du schreibst sie klein: **s**pielen, **b**ellen, **b**lühen, **f**allen.

■ Verlängere die Verben (Tunwörter) und schreibe. Zeichne Silbenbögen.

es kle b/p t → kle **b** en → also: es klebt

er ma g/k → mö___en → also: _____

es pie b/p t → pie___en → also: _____

sie fra g/k t → fra___en → also: _____

In der Grundform
kannst du den
Laut hören.

■ Verlängere die Verben (Tunwörter) und schreibe. Zeichne Silbenbögen.

sie sa g/k t → sa_g_en → also: sie sagt

er zei g/k t → zei___en → also:

er hu b/p t → hu___en → also:

er le g/k t → le___en → also:

sie schrei b/p t → schrei___en → also:

33

Verben (Tunwörter) können in verschiedenen Zeitformen stehen.
Die einfache Vergangenheit (Präteritum) verwendest du meist,
wenn etwas vor längerer Zeit passierte oder schriftlich berichtet wird:
er **schrieb**, sie **rannte**.

■ Verlängere die Verben (Tunwörter) und schreibe. Zeichne Silbenbögen.

er wo g/k   →   wie_g_en → also: er wog

sie fan d/t   →   fin___en → also:

er har g/k te   →   har___en → also:

34

■ Verlängere die Verben (Tunwörter) und schreibe. Zeichne Silbenbögen.

er blie b/p   →   blei_b_en   → also: er blieb

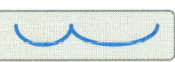

sie kle b/p te   →   kle___en   → also:

er tru g/k   →   tra___en   → also:

er scho b/p   →   schie___en → also:

sie mel g/k te   →   mel___en   → also:

Verben (Tunwörter) können in verschiedenen Zeitformen stehen.
Die zusammengesetzte Vergangenheit (Perfekt) verwendest du oft beim mündlichen
Erzählen eines Erlebnisses. Sie wird mit den Hilfsverben **haben** oder **sein** gebildet:
er **hat geschrieben**, sie **ist gerannt**.

■ Verlängere die Verben (Tunwörter) und schreibe. Zeichne Silbenbögen.

er hat gerau b/p t → rau_b_en → also: er hat geraubt

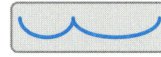

sie hat gesa g/k t → sa___en → also:

er hat gehu b/p t → hu___en → also:

■ Verlängere die Verben (Tunwörter) und schreibe. Zeichne Silbenbögen.

er hat gefra g/k t   →   fra_g_en   →   also: er hat gefragt

es hat erle b/p t   →   erle___en   →   also:

sie hat gelen g/k t   →   len___en   →   also:

er hat geglau b/p t   →   glau___en   →   also:

er hat gesie g/k t   →   sie___en   →   also:

Adjektive (Wiewörter) kannst du steigern: alt – älter – am ältesten.

- Verlängere die Adjektive (Wiewörter) und schreibe. Zeichne Silbenbögen.

al d/t → äl_**t**_er → also: alt

gro b/p → grö___er → also:

star g/k → stär___er → also:

gesun d/t → gesün___er → also:

Verlängere das Adjektiv. Dann kannst du den Laut hören.

Adjektive (Wiewörter) beschreiben, wie etwas ist oder aussieht: Der Weg ist **breit**.

■ Verlängere die Adjektive (Wiewörter) und schreibe. Zeichne Silbenbögen.

run d/t → der run_d_e Stein → also: rund

klu g/k → der klu____e Junge → also:

gel b/p → die gel____e Sonne → also:

kal d/t → das kal____e Eis → also:

■ Verlängere die Adjektive (Wiewörter) und schreibe. Zeichne Silbenbögen.

klu g/k → Der Igel ist **klüger** als der Hase. → also: **klug**

leich d/t → Luna ist _____ als Anoki. → also: _____

staubi g/k → Der Keller ist _____ als der Boden. → also: _____

blö d/t → Der Film ist _____ als das Spiel. → also: _____

muti g/k Luna ist _____ als Emil. → also: _____

■ Verlängere die Adjektive (Wiewörter) und schreibe. Zeichne Silbenbögen.

lau d/t → Eine Trompete ist **lauter** als eine Flöte. → also: **laut**

kräfti g/k → Der Ringer ist _____ als der Läufer. → also: _____

lusti g/k → Clown Beppo ist _____ als Clown Mino. → also: _____

klu g/k → Schimpansen sind _____ als Gorillas. → also: _____

lie b/p → Bello ist _____ als Minka. → also: _____

■ Verlängere die Wörter und schreibe. Zeichne Silbenbögen.

Schu ? → Schu__h__e → also: Schuh

Ku ? → Kü____e → also:

er ste ? t → ste____en → also:

sie sie ? t → se____en → also:

frü ? → frü____e Stunde → also:

Verlängere das Wort.
Dann kannst du das **h**
am Silbenanfang hören.

Test 3, S. 78

- Löse das Sudoku.

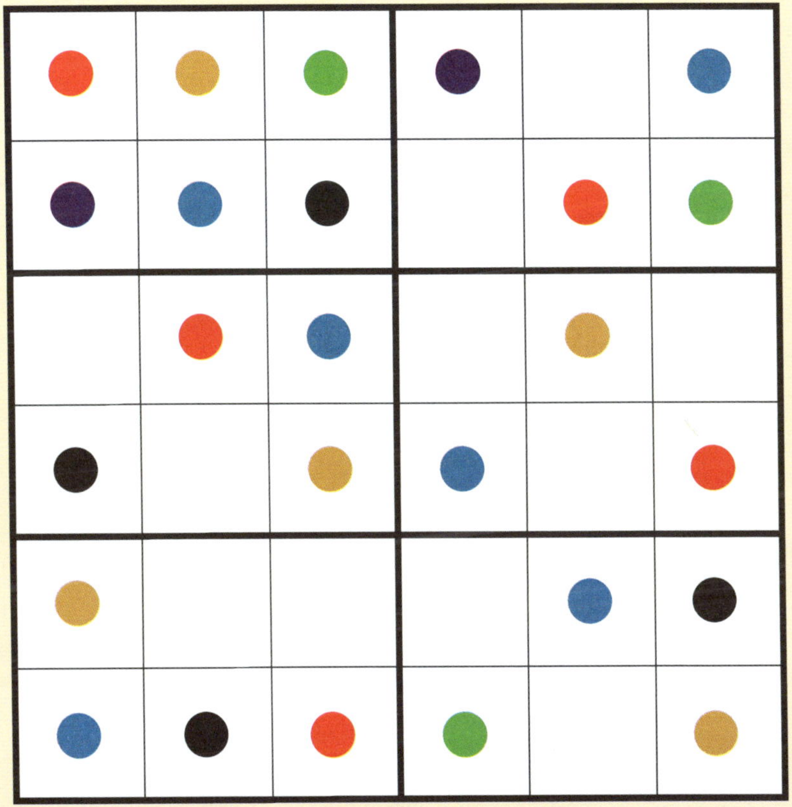

Jede Farbe darf
in jeder **Zeile**,
in jeder **Spalte** und
in jedem **dick umrandeten Block**
nur **einmal** vorkommen.

Wörter mit gleichem oder ähnlichem Wortstamm gehören zu einer Wortfamilie. Der Wortstamm hilft dir, alle Wörter einer Wortfamilie richtig zu schreiben: **sing**en – der Ge**sang** – der **Säng**er.

■ Verbinde die Wörter einer Wortfamilie. Markiere den Wortstamm.

bauen	Getränk	Wanderweg
wandern	Köchin	**Bau**arbeiter
kochen	Wanderung	Zaubertrank
trinken	Ge**bäu**de	übergekocht

■ Verbinde die Wörter einer Wortfamilie. Markiere den Wortstamm.

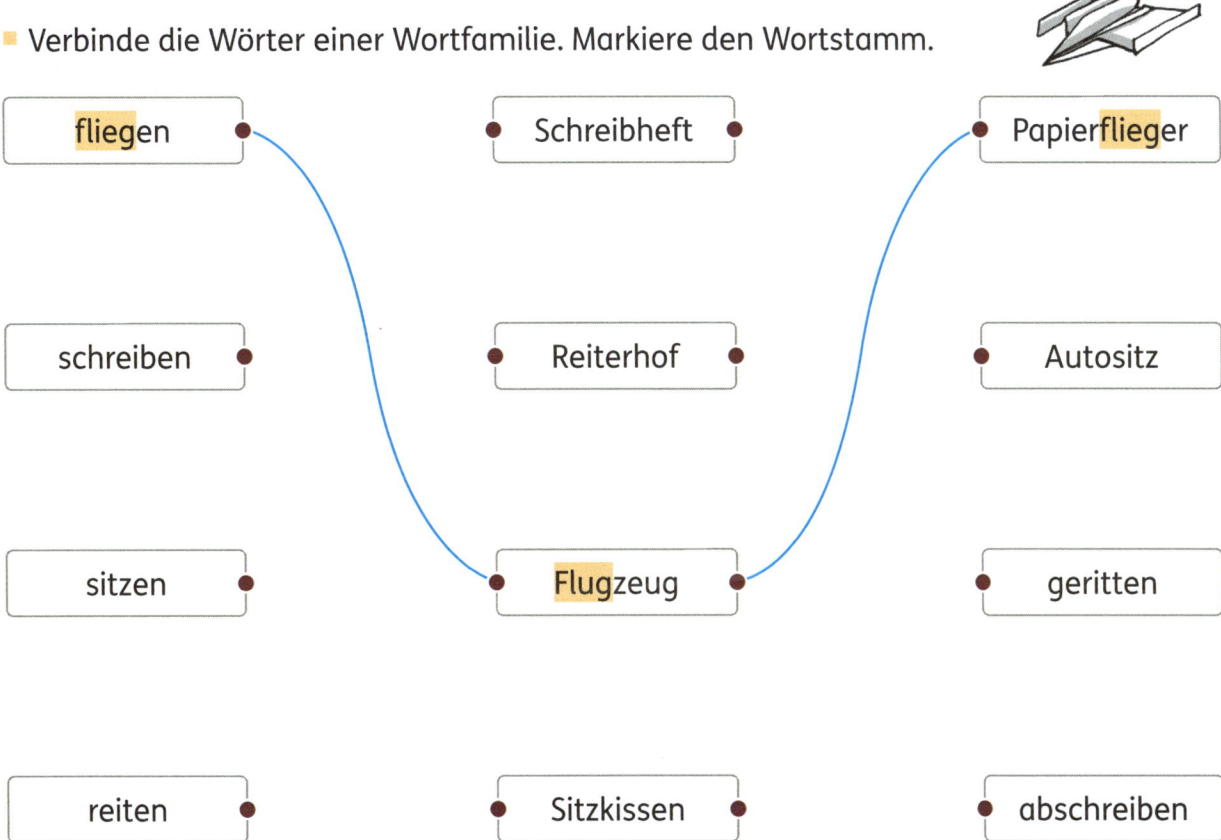

fliegen	Schreibheft	Papier**flieg**er
schreiben	Reiterhof	Autositz
sitzen	**Flug**zeug	geritten
reiten	Sitzkissen	abschreiben

- Schreibe das Verb (Tunwort) **geben** in den verschiedenen Zeitformen auf. Markiere den Wortstamm.

Manchmal ändert sich der Wortstamm eines Verbs.

	Gegenwart (Präsens)	einfache Vergangenheit (Präteritum)	zusammengesetzte Vergangenheit (Perfekt)
ich	gebe	gab	habe gegeben
du		gabst	
er/sie/es			hat gegeben
wir	geben		
ihr		gabt	
sie			haben gegeben

Verben: Wortstamm

■ Schreibe die Verben (Tunwörter) in den verschiedenen Personalformen auf. Markiere den Wortstamm und die Endungen unterschiedlich.

	malen	spielen	rennen
ich	male		
du			rennst
er/sie/es		spielt	
wir	malen		
ihr			rennt
sie		spielen	

47

Vorsilben können die Bedeutung von Verben (Tunwörtern) verändern:
lesen – **vor**lesen, **ab**lesen, **er**lesen, **über**lesen.

■ Bilde Verben (Tunwörter). Markiere die Vorsilben.

ent-		ab-		über-		ein-		vor-

kochen: überkochen,

_____

decken:

_____

■ Setze die Verben (Tunwörter) passend ein.

| entlaufen | verlaufen | weglaufen | ablaufen | überlaufen |

Anoki liest auf einem Zettel an der Laterne: Kater entlaufen .

Kann die Badewanne ?

Wenn die Wanne zu voll ist, lässt Luna Wasser .

Hänsel und Gretel haben sich .

Anokis Hund will immer .

49

Adjektive mit -ig und -lich

Mit den Nachsilben -ig und -lich kannst du aus Nomen (Namenwörtern)
Adjektive (Wiewörter) bilden:
die Geduld – geduld**ig**, das Glück – glück**lich**.

■ Bilde Adjektive (Wiewörter). Markiere die Nachsilben.

Manchmal entfällt ein Buchstabe: die Ruhe – ruhig.

die Angst   ängst**lich**   die Ecke

der Zorn   der Freund

das Herz   der Geiz

50

■ Bilde Adjektive (Wiewörter) und setze sie passend ein.

| die Sorgfalt | der Punkt | das Salz | die Gefahr |

sorgfältig

Emil macht seine Hausaufgaben immer besonders sorgfältig .

Wer hat seine Bananenschale einfach weggeworfen? Das ist [   ] .

Morgen muss die Klasse besonders [   ] sein, denn sie geht ins Theater.

Lunas Pizza war sehr [   ] .

■ Finde ein verwandtes Wort. Markiere **ä/a** und **äu/au**.

die Nägel → kommt von der Nagel

die Bräute → kommt von die Braut

die Lämmchen → kommt von

die Sträucher → kommt von

die Zähne → kommt von

die Täubchen → kommt von

Bilde die Einzahl.

■ Finde ein verwandtes Wort. Markiere **ä/a** und **äu/au**.

er w**ä**scht → kommt von waschen

es sch**äu**mt → kommt von der Sch**au**m

es wächst → kommt von

sie träumt → kommt von

er färbt → kommt von

er läuft → kommt von

> Bilde die Grundform oder finde ein anderes Wort aus der Wortfamilie.

■ Finde ein verwandtes Wort. Markiere **ä/a** und **äu/au**.

kräftig   → kommt von   die Kraft

säuerlich   → kommt von   sauer

stärker   → kommt von

bläulich   → kommt von

glänzend   → kommt von

täglich   → kommt von

Bilde die Grundstufe oder finde ein anderes Wort aus der Wortfamilie.

- **ä** oder **e**? **äu** oder **eu**?
  Trage in die Tabelle ein.

*Findest du kein verwandtes Wort mit **a** oder **au**, schreibst du **e** oder **eu**.*

	verwandtes Wort mit **a** oder **au**	
die F ä/e nster	–	also: die Fenster
die K ä/e tzchen	Katze	also: die Kätzchen
h äu/eu fig		also:
sie l äu/eu chtet		also:
die Z äu/eu ne		also:
g ä/e lb		also:
die Fr äu/eu nde		also:

Wörter mit ä/e, äu/eu

Test 4, S. 79

55

■ Sechs Dinge fehlen im Bild auf Seite 57. Kreise sie ein.

■ Schreibe das Alphabet (Abc) auf.

A _____ _____ _____ _____

Wenn ich in die Schule geh,

_____ G _____ _____ _____

lern ich gern und flott,

_____ _____ M _____ _____

bin ich ganz schön froh:

_____ _____ _____ _____ T

Ich kann das Abc.

_____ _____ W _____ _____

Das find ich richtig nett!

Du musst das Alphabet kennen, um die Wörter im Wörterbuch nachzuschlagen.

A, B, C, D, E ...

■ Schreibe die Wörter in jeder Zeile nach dem Alphabet (Abc) geordnet auf.

| Aquarium | Fußball | Blitz | Gespenst | Durst | Ehre | Chor |

Aquarium,

| Hamster | Lineal | Jäger | Picknick | Mädchen | Klavier | Verbot |

- Ordne die Wörter in jeder Zeile nach dem Alphabet (Abc). Nummeriere.

Wenn der Anfangsbuchstabe gleich ist, musst du nach dem zweiten Buchstaben ordnen.

☐ Arzt	☐ Angst	☐ Apfel	1 Abend
☐ eng	☐ eckig	☐ einsam	☐ ewig
☐ leben	☐ lachen	☐ lieben	☐ lutschen
☐ ohne	☐ oft	☐ oder	☐ ob
☐ geizig	☐ Glück	☐ graben	☐ Gitter

- Ordne die Wörter in jeder Zeile nach dem Alphabet (Abc). Nummeriere.

Wenn auch der zweite Buchstabe gleich ist, musst du nach dem dritten Buchstaben ordnen.

	Sprung		Spiel	1	Spaß		Sport
	Hand		Hahn		Hai		Hals
	grillen		groß		Gruß		grau
	freudig		friedlich		froh		fruchtig
	Vitamin		vier		Villa		Virus

Nach dem Alphabet (Abc) ordnen

■ Bei welchem Wort findest du diese Nomen (Namenwörter) im Wörterbuch?

Nomen stehen im Wörterbuch in der Einzahl.

Väter	Vater	Küsse	
Bücher		Hähne	
Stürme		Grüße	
Städte		Säulen	
Mütter		Kräuter	

■ Bei welchen beiden Wörtern findest du diese zusammengesetzten Nomen (Namenwörter) im Wörterbuch?

> *Zusammengesetzte Nomen musst du im Wörterbuch einzeln nachschlagen.*

der Apfelsaft → der Apfel | der Saft

die Wetterfahne →

die Klassenfahrt →

der Zahnarzt →

die Räuberleiter →

■ **Bei welchem Wort findest du diese Verben (Tunwörter) im Wörterbuch?**

Verben stehen im Wörterbuch in der Grundform.

wusste wissen

rief

gräbt

zog

trat

gibt

flog

getrunken

schwamm

gehabt

Im Wörterbuch nachschlagen

☐ 64

■ Bei welchem Wort findest du diese Adjektive (Wiewörter) im Wörterbuch?

Adjektive stehen im Wörterbuch in der Grundstufe.

größer	groß	wärmer	
fleißiger		tiefsten	
glatter		klügsten	
heißesten		früher	
engsten		heller	

- Bei welchem Buchstaben findest du diese schwierigen Wörter im Wörterbuch? Prüfe mit dem Wörterbuch. Schreibe den Buchstaben und das richtige Wort auf.

Manche Wörter musst du im Wörterbuch unter einem anderen Anfangsbuchstaben nachschlagen.

B/P rezel   B – Brezel

Qu/Kw iz

D/T anne

F/V erschluss

G/K rebs

F/Pf ingsten

V/W irus

Qu/Kw alle

Qu/Kw ark

V/W ase

Im Wörterbuch nachschlagen

■ Verbinde die Ziffern von 1 bis 100 in der richtigen Reihenfolge. Male aus.

V/v kann wie **f** oder **w** klingen.

- Welches **V/v** klingt wie **f**? Markiere grün.
  Welches **V/v** klingt wie **w**? Markiere blau.

`Verbot`   `Vampir`   `vor`   `Vase`   `Viereck`   `Avocado`

`verlieren`   `Verb`   `vielleicht`   `Vulkan`   `Lava`

- Schreibe die Wörter geordnet auf.

V/v wie f: Verbot,

🔑 5

V/v wie w: Vampir,

🔑 6

■ Schreibe die Merkwörter mit **aa**, **ee** oder **oo** zur passenden Erklärung.

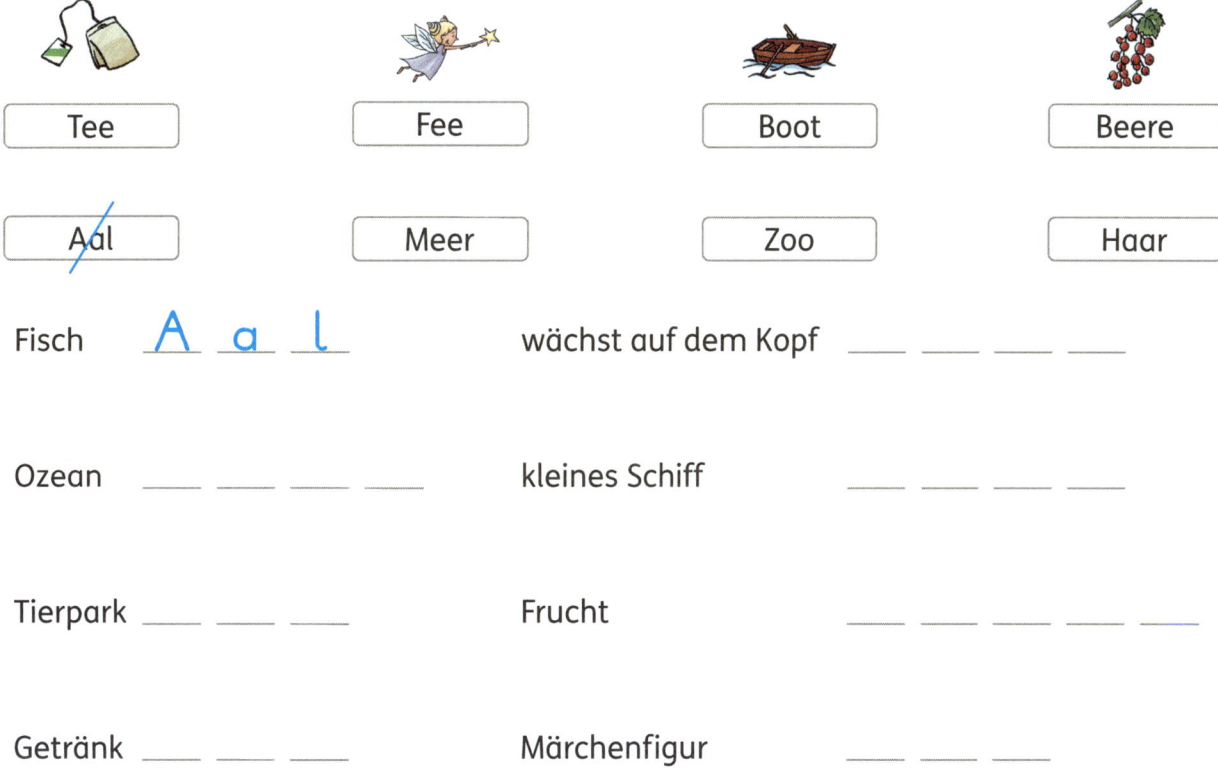

| Tee | Fee | Boot | Beere |

| A̶a̶l̶ | Meer | Zoo | Haar |

Fisch   A a l   wächst auf dem Kopf   ___ ___ ___ ___

Ozean   ___ ___ ___ ___   kleines Schiff   ___ ___ ___ ___

Tierpark ___ ___ ___   Frucht   ___ ___ ___ ___ ___

Getränk ___ ___ ___   Märchenfigur   ___ ___ ___

Merkwörter mit aa, ee, oo

■ Ordne die Merkwörter mit **ä**
nach Wortfamilien.
Markiere den Wortstamm.

*Einige Wörter mit **ä** haben
kein verwandtes Wort mit **a**.
Du musst sie dir merken.
Zum Beispiel **Mädchen**.*

Käsebrot	Säge	Käse	sägen	Märchen

märchenhaft	Märchenbuch	Laubsäge	käsig

märchenhaft, _____ 🗝 3

_____ 🗝 3

_____ 🗝 3

☐ 70

■ Ordne die Merkwörter mit **ai** nach Wortfamilien. Markiere den Wortstamm.

*Wörter mit **ai** musst du dir merken.*

| Mai | Kaiser | Hai | Maikäfer | Hammerhai |

| kaiserlich | Maiglöckchen | Kaiserkrone | Haifischflosse |

kaiserlich, ⚷ 3

⚷ 3

  ⚷ 3

■ Schreibe die Merkwörter mit **langem i** zur passenden Erklärung.

Gardine	Biber	Delfin
Violine	Tiger	Rosine

Streichinstrument	schmeckt süß
V i o l i n e	__ __ __ __ __ __

hängt vor dem Fenster	Raubtier
__ __ __ __ __ __ __	__ __ __ __ __

sieht aus wie ein Fisch	baut mit Ästen und Stöcken
__ __ __ __ __ __	__ __ __ __ __

Bei einigen Wörtern hörst du ein **langes i**, schreibst aber nur **i**. Du musst sie dir merken.

Merkwörter mit langem i

■ Bilde die Mehrzahl und markiere **ß**.

Strauß **Sträuße**

Straße _____

Soße _____

Fuß _____

Floß _____

Kloß _____

Ein **ß** steht nur nach einem lang gesprochenen Selbstlaut, Umlaut oder Zwielaut.

■ Finde ein verwandtes Nomen (Namenwort) und markiere **ß**.

spießen **Spieß**

grüßen _____

fleißig _____

groß _____

Merkwörter mit ß

73

Merkwörter mit Dehnungs-h

■ Ordne die Merkwörter mit **Dehnungs-h**
nach Wortfamilien. Markiere **hn** und **hr**.

Fahrzeug	Wohnung	fahren
erfahren	Wohnzimmer	Fähre
wohnen	Fahrer	wohnlich
Fahrrad	Bewohner	unbewohnt

*Ein **Dehnungs-h**
kennzeichnet einen lang
gesprochenen Selbstlaut
oder Umlaut.
Es steht vor **l**, **m**, **n**, **r**.*

-fahr-   Fahrzeug,

🔑 6

-wohn-

🔑 6

■ Schreibe die Merkwörter zum passenden Bild.

| Chamäleon | Laptop | Popcorn |

| T-Shirt | Pommes frites | Comic |

Laptop _____

_____

_____

_____

_____

_____

Fremdwörter haben wir aus anderen Sprachen übernommen. Du musst dir ihre Aussprache und Schreibweise merken.

Fremdwörter

■ Schreibe die Wörter mit doppeltem Mitlaut.
Markiere den kurz gesprochenen Selbstlaut oder Umlaut.

■ Schreibe die Wörter mit **ck** in Silben getrennt auf.
Markiere den kurz gesprochenen Selbstlaut oder Umlaut.

backen

schmücken

■ Schreibe die Wörter mit **tz** in Silben getrennt auf.
Markiere den kurz gesprochenen Selbstlaut oder Umlaut.

kitzeln

schützen

6   _____

■ Markiere alle Nomen (Namenwörter) und schreibe sie mit Artikel (Begleiter) auf.

GLÜCK   SCHÖN   LIEBE   ALT   WUT   FAHREN

ICH   ANGST   MIT   TROST   ODER   FURCHT

■ Bilde zusammengesetzte Nomen (Namenwörter). Markiere **n** oder **s**.

die Blume ⟩ die Vase → [   ]

das Glück ⟩ der Käfer → [   ]

■ Verlängere die Wörter und schreibe. Zeichne Silbenbögen.

lie b/p → lie___er → also: [＿＿＿＿＿＿＿＿＿＿＿＿＿]

[＿＿＿＿＿＿]

Hu d/t → Hü___e → also: [＿＿＿＿＿＿＿＿＿＿＿＿＿]

[＿＿＿＿＿＿]

■ Verlängere die Wörter und schreibe. Zeichne Silbenbögen.

sie mä ? t → mä___en → also: [＿＿＿＿＿＿＿＿＿＿＿＿＿]

[＿＿＿＿＿＿]

Ku ? → Kü___e → also: [＿＿＿＿＿＿＿＿＿＿＿＿＿]

[＿＿＿＿＿＿]

8

■ Bilde Adjektive (Wiewörter). Markiere die Nachsilben.

der Riese

das Glück

■ **ä** oder **e**? **äu** oder **eu**?
Trage in die Tabelle ein.

	verwandtes Wort mit **a** oder **au**	
die M ä/e nner		also:
er r äu/eu mt		also:
l ä/e nger		also:

■ Ordne die Wörter nach dem Alphabet (Abc). Nummeriere.

☐ Kamel   ☐ Kakadu   ☐ Kasse   ☐ Katze

■ Bei welchem Wort findest du diese Verben (Tunwörter) im Wörterbuch?

flog _____   las _____

wog _____   fuhr _____

■ Bilde die Mehrzahl.

Gruß _____   Spaß _____

Fuß _____   Kloß _____

12   ☺ ☺ ☺ ☹